AF497315

ÉTYMOLOGIES FRANÇAISES

GALIMATHIAS — GALIMAFRÉE — GALVAUDER — GALVARDINE
— CALEMBREDAINE — CALEBOTIN — CALEMBOURG — FARI-
BOLE — FARIDONDAINE — HARLE — ARLEQUIN.

L'on a signalé, depuis assez longtemps déjà, l'existence
en français, d'un préfixe péjoratif qui se présente sous les
formes *gali, cal, cali, coli, cha, chari,* p. ex: dans *galimathias, colimaçon, caliborgnon, califourchon, charivari,
chamoisir, cahutte,* et peut-être même *galop, galopin.* En
général, Littré est assez peu affirmatif dans les étymologies
à donner aux mots commençant de la sorte. Nous sera-t-il
permis du moins de glaner après lui et de présenter à ce
sujet les hypothèses qui nous semblent les plus acceptables?

Galimathias signifie, on le sait, un langage dépourvu de
sens, quelque chose d'inintelligible, et il est assez vraisem-
blable que l'étymologie de ce mot se trouve en rapport avec
sa signification. Nous y reconnaîtrons donc le préfixe *gali,*
déjà mentionné. Quant à la syllabe *ma,* ne serait-ce pas
une abréviation pour *mal,* comme dans *galimafrée?* Reste
la finale *thias* dans laquelle nous verrions volontiers une
corruption de *thiois* qui en français du moyen âge voulait
dire *tudesque, allemand.* Ainsi, *galimathias* équivaudrait
à « très mauvais allemand, jargon incompréhensible ».
Remarquons que par une métaphore analogue, on disait en
vieux français, *latinier,* non pas pour « homme qui sait et
parle le latin », mais bien pour « interprète » en n'importe
quelle langue.

Galimafrée (archaïque, *calimafrée*) ne diffère du terme précédent que par sa finale dans laquelle on pourrait voir soit une corruption des mots *frit, fricassée*, soit un emprunt à l'allemand *fressen*. Nous rendrons donc *galimafrée* par « très mauvaise friture, très mauvaise fricassée ».

On a cru reconnaitre dans la finale *Mathias* un dérivé de *Mathieu*, nom auquel s'attachait une nuance de ridicule, aussi bien qu'à Nicodème ou à Blaise. Dans ce cas, *galimathias* aurait la même origine au fond que *galimafrée*, ou plutôt ce dernier mot ne serait que la forme italienne du précédent, puisqu'en italien on a *Maffei* pour *Matthei*. Quelque séduisante que semble, à première vue, cette explication, une objection importante peut, à notre avis, lui être faite. Notre expression *fesse-Mathieu* pour « ladre, avare » s'explique à la rigueur, grammaticalement, mais concevrait-on la tournure « Mauvais mathieu » pour signifier un langage incompréhensible ou un ragoût manqué?

Galvauder: Littré déclare l'étymologie de ce mot inconnue et affirme seulement qu'il ne peut venir du bas-latin *caballicare*, comme l'ont soutenu quelques-uns, ce terme n'ayant dû donner en français que *chevaucher*. Notre auteur admettrait, en désespoir de cause, une certaine parenté entre *galvauder* et le vieux français *galvardine* désignant une sorte de cape, spécialement portée en temps de pluie. La légitimité d'un tel rapprochement nous semble, à dire vrai, fort douteuse. Ne vaudrait-il pas mieux reconnaitre, dans la syllabe *gal*, ce préfixe péjoratif dont nous venons de parler et dans les deux syllabes suivantes, une corruption de « valider ». Inutile de rappeler ici la tendance du *l* français à se changer en *u* après un *a*; ex: *chaud*, du lat. *calidus* ou plutôt de la forme populaire *caldus*; — *épeautre*, du lat. *spalta*; — *haut* de *altus*; *faux* de *falsus*; *chaux* de *calcem*, etc., etc. On s'expliquerait d'autant plus facilement la chute de la voyelle brève *i* que le latin lui-même nous offre la forme *valdé* à côté de *validé, validus*. Il conviendra donc de rendre *galvauder* par « mal valider, invalider » et par suite « perdre, dissiper ».

Galvardine offrirait plus de difficulté à expliquer. Nous serions bien tentés d'y reconnaitre, à côté du *gal* péjoratif, le vieux haut allemand *warten*. Dans cette hypothèse, *galvardine* désignera le vêtement qui protège médiocrement contre les intempéries. Le peu de cas qu'en faisaient nos aïeux explique pourquoi cet objet, aussi bien que le nom qui le désigne, a cessé d'être en usage depuis longtemps.

Peut-être nous objectera-t-on qu'en français classique, le *w* germanique initial correspond d'ordinaire à un *g* et non à un *v*; ex: *guêpe* de l'allem. *Wespe*, — *Guillaume* de *Wilhelm*, etc. N'oublions pas les formes dialectiques *warder*, « garder, regarder » du picard; *wârdé* du wallon. Enfin le verbe *warter* se rencontre dans le normand du XIe siècle. Ne pourrait-on pas admettre qu'ici nous nous trouvons en présence d'un mot venu de l'allemand dans la langue d'oïl par l'intermédiaire des patois du Nord ou du Nord-Est et ayant conservé sa physionomie provinciale ?

Calebotin, prononcé aussi *caillebotin*, nom dont se servent les cordonniers pour désigner la boîte dans laquelle ils mettent leur fil et autres instruments de travail, semble identique à « mauvaise botte, mauvaise bottine ». Faisons observer que c'est souvent une vieille botte usée qui leur sert à cet usage.

Calembourg n'est aux yeux de Littré qu'une corruption du nom de l'abbé de *Kalembery*, personnage comique des contes allemands. C'est ainsi qu'*Eulenspiegel*, héros d'un poème grotesque d'outre-Rhin, a donné naissance à notre terme *espiègle*. Il nous semble difficile de partager l'opinion du docte lexicographe. *Kalemberg* aurait dû donner en français quelque chose comme *calembergette*, *calembergeade*. Voyons-y plutôt l'équivalent de « mauvaise bourde » du *cal* ou *cali* péjoratif et de *bourg*, altération de bourde. Il ne faut pas s'attendre à trouver l'orthographe ni même les lois ordinaires de la phonétique trop respectés dans ces termes ayant un caractère essentiellement populaire, nous pourrions même dire un peu populacier. Le *m* aura été amené ici par euphonie, à cause du *b* qui suit.

Calembredaine est pour une forme primitive *calemberdaine* conservée en picard. Littré hésite beaucoup à assigner une étymologie à ce mot. Il rappelle seulement que dans ce dialecte, *calemberdaine* désigne spéc. une sorte de cotillon ou jupe qui couvre la *berdaine* ou ventre. Toutefois, il ne donne point l'étymologie de ce mot *berdaine*. Si l'on admet qu'à l'origine la place du *b* était remplie par un *m*, le terme s'expliquerait si aisément de lui-même que nous n'avons pas besoin de nous étendre sur ce sujet. En tout cas, il serait fort possible que le sens de vêtement, pièce de vestiaire, attribué à *calemberdaine* aussi bien qu'à *fichu*, ne soit que secondaire et dérivé. Dès l'origine, ce terme aura signifié un discours ennuyeux, embêtant. Les hommes du peuple dans tout le nord de la France se serviraient même d'une épithète plus énergique.

Faribole, tout aussi bien sans doute que *faridondaine*, nous présente un autre préfixe péjoratif, *fari*, dans lequel nous reconnaîtrions volontiers une altération du vocable *failli*. En vieux français, il répondait assez exatement à « fichu ». On disait au XVIIe siècle, « homme failli de cœur et de courage » pour « lâche, misérable ». Aujourd'hui encore, dans nos patois de l'Ouest, un *failli gars*, c'est un « mauvais drôle » ; *faribole* répondra donc exactement suivant nous à « parole inepte, parabole insensée ». Il y aurait ici une de ces élisions dont le langage populaire présente plus d'un exemple. Nous trouvons dans Littré *faribourde*, qui possède juste le même sens.

Faridondaine semble bien signifier « fichue musique », puisque dans la langue du moyen âge, *dondaine* désignait parfois un instrument de musique. Maintenant, M. Darmesteter explique le mot *dondaine* comme ayant été primitivement un juron *Don Dié*, « Seigneur Dieu ». Pour lui enlever son caractère blasphématoire, on aura modifié la désinence. C'est ainsi que de *Pardieu*, on a fait *pardine*. En tout cas, l'étymologie proposée par le savant philologue ne renverse pas la nôtre, puisque *faridondaine* est évidemment un simple composé.

Inutile de rappeler ici le mot *faridondon*. Le changement de désinence n'a sans doute été amené ici que par les exigences de la rime et pour former un refrain.

Harle que l'on trouve parfois écrit *herle* est indiqué expressément par Littré comme n'ayant point d'étymologie connue. On sait que c'est le nom d'un genre de palmipèdes marins, fréquentant surtout les rivages de l'Europe septentrionale. L'espèce la plus grande, connue dans le monde scientifique sous le nom de *Mergus merganser* s'appelle vulgairement « vautour d'Islande ». La première idée qui nous était venue à l'esprit, c'est que ce nom de *harle* devait se retrouver sans doute dans les dialectes germaniques du Nord, mais un savant scandinaviste, M. E. Beauvois, nous a démontré qu'il n'en était rien. Ainsi, en islandais, le *harle* s'appelle *gull-œnd* « canard jaune », en suédois *vrak-faogel* « oiseau des débris de naufrage », en danois *dykker-and* ou » canard plongeur ». D'un autre côté, il serait superflu de chercher une origine latine au nom porté chez nous par cet oiseau. C'est qu'effectivement, s'il n'appartient pas sous sa forme complète aux dialectes du Nord, il n'en apparaît pas moins composé d'éléments scandinaves, et son sens véritable ne saurait être autre que celui de « petit héron ». En effet, le héron est appelé *haeger* en suédois, *hegri* en islandais, *heigero* en anc. haut allemand. L'anglo-saxon le désigne du nom de *higora* qui devient *hejre* ou *heire* en danois. Sans doute, la gutturale est tombée en français classique, mais on a *aigueron, aigron*, en patois berrichon, en génevois, patois du Perche et vieux provençal, *aigron*. D'un autre côté, l'Espagnol prononcera *agro,* et l'Italien *aghirone*.

Reste maintenant la finale *le*. C'est elle précisément qui constitue le plus ordinairement le signe du diminutif dans les dialectes scandinaves. Elle ne constitue elle-même qu'une forme syncopée de l'adjectif *little* de l'anglais, *lille* du danois. Remarquons, par parenthèse, que ce *lille* s'ajoute volontiers à un certain nombre de mots tels que : *faerlille* (petit père), de *fader ; moerlille* (petite mère), de *moder ; broerlille* (petit frère), de *broder ; baernlille* (petits enfants), de *baern* (plur. de *barn*) ; *Gretkelille* (petite Marguerite) ; *Karenlille* (Catherinette). En islandais, le mot correspondant *litil* se trouve placé avant le substantif ; ex: *litil-menni* (petit homme).

Ce diminutif reparaît dans la forme allemande *lein ;* ex : *mannlein, freundlein, fräulein.* Du reste la désinence *le* devait déjà exister dans les dialectes du Nord dès une époque assez ancienne, puisque Ducange traduit le nom de *He-ruli* par *dominuli* (les petits seigneurs).

Harle serait donc synonyme de « petit héron ». Quant au nom de ce dernier oiseau, M. Beauvois estime qu'il dérive d'un adjectif signifiant haut, soit à cause de la longueur de ses échasses, soit à cause de la puissance de son vol.

Arlequin, jadis écrit *Harlequin* par un H, nous paraît bien se rattacher au nom de *harle;* nous y retrouverions seulement la désinence flamande et germanique *quin* qui existe dans plusieurs mots français de même origine, tels que : *baldaquin, troussequin, mannequin* (littéralement *petit homme*). Cette étymologie nous paraît à coup sûr bien plus acceptable que toutes celles que nous avons vu proposer jusqu'à ce jour. Littré, du reste, les déclare toutes difficilement admissibles. N'a-t-on pas été jusqu'à rattacher le nom d'Arlequin aux légendes relatives à la chasse infernale *Hennequin* et à prétendre y découvrir une déformation de l'allemand *Helle Koenig* (roi de l'enfer)?

Nous ne voyons pas trop cependant quelle ressemblance peut exister entre le prince des mauvais esprits et une personne burlesque, mais inoffensive, comme l'Arlequin du théâtre forain, et le rapprochement nous semble, comme l'on dit, un peu trop tiré par les cheveux. Au contraire la comparaison avec le harle s'explique sans peine si l'on tient compte de la démarche grotesque de cet oiseau lorsqu'il se trouve à terre et surtout de son plumage bizarrement miparti de blanc et de noir. Peut-être même est-ce lui qui aura servi de patron au costume porté plus tard par Arlequin. Ce ne serait pas la première fois que nous verrions, en tout cas, des volatiles donner leur nom soit à un vêtement, soit à ceux qui le portent. Ne dit-on pas un *pierrot,* une *pierrette,* un costume de *pierrot?* Du reste le nom breton du harle vient à l'appui de notre hypothèse: on l'appelle en cette langue, *herligon* ou *herlikon,* qui nous ferait bien l'effet d'être une corruption du français Arlequin.

Nous objectera-t-on enfin la disparution du *h* initial dans ce dernier mot? Mais nous avons vu qu'il existait à l'origine et sa chute n'offre rien que de fort naturel ! On sait les modifications insolites qu'éprouvent souvent les mots populaires ou d'origine étrangère. Rappellerons-nous à ce propos le nom de notre département du *Calvados,* qui vient de l'espagnol *Salvador,* jadis écrit par un ç? C'est ainsi que s'appelait un navire espagnol, lequel fit naufrage sur les rochers de la côte normande ; même observation au sujet de cacatoës qui ne devrait pas prendre de *s* final, puisque ce mot vient du malais *caca* (vieux, blanchi par l'âge) et *toua* (corbeau).

Ferait-on valoir enfin que ce nom de « *petit harle* » ne conviendrait guère à l'Arlequin dont la taille est bien certainement supérieure à celle du volatile en question ? Mais combien de fois n'avons-nous pas entendu traiter de *petits serins* des gens plus grands que n'importe quel canari ? Enfin y aurait-il un lien de parenté à établir entre le nom du harle et l'anglais *harlot* (femme de mauvaise vie) lequel tient évidemment de très près à l'espagnol *arlote* (débauché), d'où le basque *arlota* (s'amuser dans les cabarets ou les mauvais lieux, faire le paresseux), et *arlote* (bandit), terme employé par Axular? C'est une question que nous nous bornons à indiquer ici, craignant de nous lancer dans les hypothèses

DE CHARENCEY.

ÉTYMOLOGIES BASSES-NAVARRAISES

Le *F* n'étant point un son primitif en basque, presque tous les mots euskariens (on pourrait dire tous) qui le possèdent comme initial sont des mots d'emprunt, introduits dans la langue à une époque relativement récente. Il est curieux toutefois de constater que certains vocables basques commencent par un *f*, qui, dans l'idiome auquel ils ont été pris, commençaient par une autre consonne.

Fabla, « fable » (esp. *fabula*), prob. pris au français.

Fabrika, « fabriquer »; prob. pris à l'espagnol *fabricar.*
On dit *fabreyar* en prov. et dans le dict. de Littré, on ne
trouve point d'exemples de l'emploi du verbe *fabriquer,* re-
montant plus haut que le xvie siècle. Un emprunt directement fait au français du Nord avant cette époque semble
assez difficile à admettre.

Fabrika, « fabrique d'église ». Le mot pris dans ce sens
pourrait bien être emprunté au français, ou tout au moins
au béarnais par l'intermédiaire du français. Le mot *fabrique*
ainsi employé semble constituer un véritable gallicisme.

Fagore, « faveur » et comme doublet *farore,* « faveur »
et *favora,* « favoriser ». Au premier abord, on serait tenté
de rattacher directement *fagora* et *farore* au bas-latin, à
cause de la présence du *e* final. Mais il ne faut pas oublier
que parfois cette voyelle semble purement adventice, p. ex.
dans *arbole,* « arbre », de l'esp. *arbol.* On pourra donc hésiter entre les provenances purement latine, espagnole ou
provençale, puisque tous ces idiomes possèdent également
le terme *furor.* Quant au *g,* il remplace quelquefois une
labiale primitive; ex. *adoga,* « secourir » (cf. l'esp. *adobar,*
— *froganza,* « preuve », de l'esp. *probanza.* Enfin, le *a* sert
souvent de voyelle de liaison, devant la désinence verbale,
tandis que le *e* resterait comme marque du substantif, ex.
arlote, « bandit » et *arlota,* « faire la débauche » — *arhe,*
« herse » et *arha,* « herser » — *aire,* « air » et *airha,*
« s'envoler, s'enfuir dans les airs » — *ainzina,* « avancer,
s'avancer » et *ainzine,* « façade, devanture ».

Falkoin, « faucon ». On peut hésiter entre l'étymologie
latine *falconem* et esp. *halcon,* anciennement *falcon.* Cette
dernière semblerait même la plus probable, car le *e* de l'ac-
cusatif aurait bien pu rester, si le mot venait directement
du latin. On ne saurait à cause du *n* final songer au vieux
provençal *falc* (cas direct) et *falco* (cas oblique). Il ne
saurait davantage être question d'une origine française, car,
dès le xiiie siècle, nous voyons dans nos vieux auteurs la
forme *faucon, faucons* se substituer au *falcon, falcons* des
périodes antérieures. Or, à cette époque, l'influence de la
langue d'oïl sur le basque devait être à peu près nulle. Quant
à *i* précédant le *n* final, c'est une lettre euphonique que

nous retrouvons p. ex. dans *botoin,* « bouton » — *fazoin,* « façon », etc. — *chorroin,* « poignée de lin destiné à être broyée » de l'esp. *chorron,* « lin peigné deux fois ».

Falta, « faute, manquer à un engagement », esp. *falta* et *faltar.* Déjà dans Joinville, nous trouvons employer le mot « faute ». Il est vrai que Montaigne écrit « faulte ».

Falxu, « faux, dissimulé », du lat. *falsus* ou de l'esp. *falso.* Le *u* final ne correspond pas toujours directement à un *u* latin et peut fort bien tenir la place d'un *o* esp. Ex. : *abachu,* « défaut », esp. *abajo* — *atrebitu,* « brave », esp. *atrevido,* etc. On a en prov. *fals* et en béarn. mod. *faus.* Enfin le *s* précédé d'un *l* ou même d'un *n* semble parfois, bien qu'assez rarement, se transformer en *x*; ex. *folxu* « pouls » — *deskanxa,* « s'amuser, se récréer » et *deskanzu,* « repos, jouissance », de l'esp. *descansar, descanso.*

Fama, « réputation, renommée »; cf. le latin et l'esp. *fama* (même sens) ainsi que le béarnais mod. *fame.* Le vieux français *fâme* que l'on trouve dans Marot s'éloigne un peu davantage de la forme primitive. Nous avons conservé l'accent dans le composé *infâme.*

Famatu, « célèbre », du prov. *famat,* prob. pour une forme archaïque ou basse-latine *famato, famatus.*

Familia, cf. esp. et lat. *idem.* Le provençal *familla,* tout comme le français *famille,* sont moins rapprochés de la forme originelle.

Fani, « ternir », prob. du fr. *faner,* et, par suite, d'introduction récente. On a en prov. *fenar,* « faire le foin ». Dans les patois de Genève, du Berry et de Normandie, *fener* « retourner l'herbe ».

Fantesi, « orgueil, vanité », prob. moderne et pris au français. On remarquera toutefois que pour le sens, le basque *fantesi* se rapproche plus de l'espagnol *fantasia,* qui signifie quelquefois *orgueil,* que du français auquel il est cependant à peu près identique pour la forme. Au xvie siècle nos auteurs écrivaient encore parfois *phantasie.*

Faralla, « verrou en fer ou en bois », signifiait sans doute à l'origine une serrure ou écrou en fer; dérive prob. du béarn. *heralhe,* « ferraille » qui autrefois devait avoir gardé le *f* initial. On pourrait le rattacher directement à

notre mot *ferraille*. Le *e* des dialectes néo-latins dans la
première ou seconde syllabe d'un mot devient volontiers *a*
en basque; ex.: *adin*, « âge », du lat. *aetas* ou de l'esp. et
vieux prov. *edad*; v. fr. *eded — athamenda*, « demander »
— *althara*, « altérer » — *arrapika*, « carillonner », de l'esp.
repicar.

Fardillo, « moût, vin nouveau », de l'esp. *fardillo*,
« petit ballot ». La ressemblance extérieure de ces mots est
telle que l'on ne peut douter de leur identité. Il est cependant, nous l'avouons, assez difficile de se rendre compte
de la façon dont l'on a pu passer de l'idée de *petit ballot*
à celle de *vin nouveau*. Il convient toutefois de rappeler ici
les changements de sens fréquents qu'éprouvent les mots
étrangers en passant dans la langue basque. Ainsi *baldres*,
« rustre, malotru » n'est autre chose que l'espagnol *baldès*,
baldrès, » « peau passée en mégie ». *Frango*, « abondant »
doit, sans aucun doute, être rattaché à l'esp. *franco*, « libéral, franc : — *bagant*, « journalier », a tout l'air de dériver
du fr. *cagant*, « rôdeur qui pille les épaves des naufrages ».
De pareilles singularités se rencontrent dans toutes les
langues; si l'histoire ne nous renseignait à cet égard,
soupçonnerions-nous la parenté de notre mot *cravate* avec
le terme ethnique désignant les Serbes de la Croatie, jadis
appelés *Cravates* ou *Chrobates?* Maintenant, nous le reconnaissons volontiers, ce fait pour les Basques d'appartenir à
une famille linguistique tout autre que les peuples voisins
a bien pu contribuer à rendre fréquentes ces singulières
transformations d'idées.

Farrasta, « frottement par le balai, dépouiller les tiges
de maïs de leurs feuilles ». La désinence *sta* purement
basque répond à notre idée « garni de, muni de »; ex.:
urhesta, « doré », de *urhe*, « or » — *zilharsta*, « argenté »,
de *zilhar*, « argent » — *ezko*, « cire » et *ezkosta*, « ciré ».
Reste la racine *farra*, laquelle serait probablement pour
barra, le *b* initial devenant *f* comme dans *firla* « quille à
jeu, roue de charrette », de l'esp. *birla*, « boule » et *birlar*,
« rabattre au jeu de quilles » — *foltchika*, « petite poche »,
de l'esp. *bolsica*, « petite bourse ». Or *barra*, d'où notre
mot « barre », existe à la fois en bas-latin, en provençal et

en espagnol. Nous n'entreprendrons pas de décider à laquelle de ces trois langues le basque l'a empruntée. Ajoutons que d'après Littré, ce mot *barra* aurait lui-même une origine celtique et il le rapproche du kymrique *bar*, « branche ». Devrions-nous en faire dériver le basque *abar*, « branche propre à faire du feu », au moyen d'un *a* préfixe comme dans *athun*, « thon » — *athamenda*, « demander » »? En tout cas, l'on conçoit facilement le rapport qu'il y a entre l'idée de tirer des barres et celle de frotter au balai ou d'enlever les feuilles d'une tige de maïs.

Farsa, « plaisanterie »; cf. fr. *farce;* esp. *farsa.*

Fazoin, « façon », prob. pris au français. On a en prov. *faisso*. Le *i* précédant le *n* final est purement euphonique ; voy. *falkoin*.

Fede, « foi », rappelle à la fois l'esp. *fé;* le béarn. *fée*, mais sous une forme plus archaïque, puisque le basque a conservé le *d* du lat. *fidem*. Pour expliquer ce *fede*, il faut admettre une forme basse-latine *fedes, fedem.*

Fermo, « ferme, constant ». Le basque tient ici le milieu entre l'espagnol *firmo*, du lat. *firmus* et le provençal *ferm*. On doit le rattacher à une vieille forme béarnaise ou basse-latine *fermo*. Au moyen de la désinence adverbiale *ki*, nous obtenons *fermoki* « avec fermeté ». Il est assez remarquable que les formes euskariennes *fede, fermo* se retrouvent identiques dans l'italien moderne.

Ferreta, « sceau ». On a en espagnol *ferrete*, « cuivre, laiton brillant » et en fr. *ferret*, « petit fer, morceau de métal terminant une aiguillette ou un lacet ». L'absence d'un *e* précédant l'article final *a* nous porterait à rattacher plutôt le mot basque au français qu'à l'espagnol.

Fiadore, « caution »; cf. l'esp. *fiador*, « même sens ». Le *e* final serait ici euphonique comme dans *arbole*.

Fiat, « fermeté ». On peut hésiter entre l'étymologie lat., l'étymologie esp. puisque dans cette langue *fiat* signifie « consentement donné », ou l'étymologie française; *fiat* signifiant dans notre idiome *résolution, décision.*

Ficho, « gras, corpulent, prendre de l'embonpoint ». Probablement de l'esp. *fijo*, « stable, ferme ». Ne serait-ce pas de cet idiome que nous aurions pris notre terme familier *fichu,* lequel ne saurait passer pour le participe régulier du verbe *ficher* et que l'on ne pourrait guère rattacher directement, comme le fait observer Littré, au latin *fixus?* Nous verrions ici le *ch* basque correspondre au *j* esp. comme dans *abachu, achincho.*

Fida, « se fier ». Peut-être pris directement au latin ; on a en esp. et prov. *fiar* et dans le fr. du xi° siècle, *feid* pour *foi.* Remarquons que l'*i* ne s'est pas transformé en *e,* dans *fida,* comme dans *fede.*

Fidanza, « confiance ». On a en béarnais *fidance,* « caution » ; cf. l'esp. *fianza.*

Fidel, « fidèle » du fr. ou du béarn *fidèl.* On a *fidel* en catalan et *fiel* en esp.

Fier, « fier, ferme, hautain » ; fr. *idem;* Béarn. *fièr,* « beau » ; esp. *fiero,* « cruel, difforme, énorme. »

Fifait, « à l'instant, sans réflexion ». Etym. inc. Serait-ce pour le fr. *rite fait?*

Fin, « délié, fin » ; prov. et fr. *fin.* On a en esp. *fino.*

Finezia, « finesse, astuce » ; fr. *finesse,* esp. *fineza.* Le *i* final est ici évidemment euphonique, ainsi qu'il arrive quelquefois lorsque la lettre qui précède le *a* article est un *z;* ex. *alienzia,* « alliance » — *aparanzia,* « apparence ».

Fini, « finir, achever » pris prob. au lat. On a en esp. *fenecer,* en prov. *fenir,* en v. fr. *fenir.*

Finka, « s'appuyer sur, s'appliquer sans relâche » ; cf. esp. *hincar,* « ficher », qui primitivement avait un *f* initial. On pourrait, à la rigueur, admettre l'étymologie espagnole, seulement pour *finka,* pris dans le sens de « s'appuyer sur ». Au contraire, *finka* signifiant « s'appliquer sans relâche » aurait une origine différente et viendrait de *fin* ou *fini* « achever », muni du suffixe *ka,* « après, à la recherche de », litt. « à la recherche de l'achèvement. »

Fiola, « fiole », cf. le pr. *fiola* et le fr. *fiole.*

Firla, « quille à jeu, roue de charrette », de l'esp. *birla,* « boule » et *birlar;* « rabattre au jeu de quilles » ; *f.* init. = *b:* voy. *farrasta.*

Firrinta, « mouvement violent » et **firrintaka,** « se mouvoir avec violence », étym. assez douteuse. Le terme dont on pourrait le plus aisément le rapprocher est l'esp. *ferrion,*

« mouvement de colère ». Le *i* basq. en effet tient quelquefois la place d'un *e* primitif ; cf. *frii*, « frire » de l'esp. *freir* ; prov. *fregir*. — *achincho*, « absinthe », de l'esp. *ajenjo*. — *Errezebi*, « recevoir », de l'esp. *recibir*. La présence du double *r* de *firrinta* ne permet guère de le rattacher à l'adj. fr. *férin*, au lat. *ferinus*.

Fite, du fr. *vite* ; c'est le seul exemple certain que nous ayons de la transformation du *v* fr. en un *f* basque.

Flaka, « affaiblir » et **flako,** « faible ». La forme verbale pourrait bien être rattachée au b. moderne *flaca*, « faiblir, manquer de courage » et la forme adjective à l'esp. *flaco*, « maigre, faible, débile ». Cf. le b. *flac*, « mou, sans énergie ». Le pr. du xiii° siècle disait *flac* au lieu de *flasque* ; du lat. *flaccus*.

Flakeza, « faiblesse » ; esp. *flaquesa*, « maigreur, faiblesse ».

Flasko, « bouteille » et *flasketa*, « flacon, petite bouteille ». Cf. b. mod. *flascou*, « flacon » et *flasquete*, « poire à poudre ». On a en esp. *flasko*, ou *frasco*, « flacon, poire à poudre » et *frasqueta*, « petit flacon ». En fr. on dit parfois *flasque* pour « poire à poudre ».

Floch, « qui n'a pas de consistance », cf. le b. *flouch*, « lâche, sans fermeté », l'esp. *flojo*, « flexible, lâche », le v. prov. *floc*, du lat. *floccus*, « flocon ». La transformation d'un *o* ou *ou* primitif en *u* n'est pas fréquente en basque.

Foltchika, « pochette, petite poche », de l'esp. *bolsica*, voy. *farrasta*.

Folxu, « pouls », cf. esp. *pulso* ; pr. *pols*. Le basque semblerait se rattacher à une forme basse-latine ou prov. archaïque *polso*. Comme exemple de la transform. du *p* en *f*, on peut citer *froganza*, « preuve » de l'esp. *probanza*. Pour celle de *s* en *x*, voy. *falxu*, *fonx*.

Fondar, « fonder », prob. du v. prov. *fondar* ; cf. l'esp. *fundar*.

Fondamen, « fondement. » Le prov. a une forme *fundamen* qui devait primitivement s'écrire par un *o* ; cf. esp. *fundamento*.

Fonx, « consistance, souci » et **funx,** « consistance d'un fait, exactitude à remplir son devoir ». Ces deux mots, malgré une légère différence de forme et de sens, nous font bien l'effet d'être de simples doublets l'un de l'autre, seulement ils auront été introduits dans la langue à des époques différentes. *Fonx* nous a l'air de n'être autre chose que le v. pr. *fons,* notre mot *fond,* l'esp. *fondo, fundo.* Quant à *funx,* il serait de formation plus récente et le basque l'aurait adopté à un moment où déjà la substitution du *ou* au *o* primitif était un fait accompli, et nous le rattacherions volontiers au b. mod. *foundz.* Nous avons déjà parlé de la transformation du *s* final en *x* chez les Basques; cf. *falxu, folxu.*

Forma, « forme, former », à rapprocher de l'esp. et prov. *forma, formar,* aussi bien que des termes latins et français.

Fraide, « moine »; esp. *fraile*; pr. *fraire.* La forme basque nous semble se rattacher plus spécialement à la forme provençale, à cause de la mutat. du *r* en *d,* en euskara; cf. *amodio* et *amorio,* « amour ».

Fragil, se retrouve à la fois en esp., en prov. et en fr.

Frango, « abondant », prob. de l'esp. *franco,* « libéral, franc »; cf. le fr. et le prov. *franc.* On voit que le mot en passant en basque a subi une certaine déviation de sens, phénomène qui d'ailleurs se produit assez souvent. Nous avons précédemment parlé de la mut. du *c* ou *q* en *g.*

Frankeza, « abondance », soit de l'esp. *franquesa,* « franchise, libéralité », soit du b. *franquesse* « affranchissement. »

Franzes, « français », esp. *francés.*

Freska, « rafraichir » et **fresko,** « frais », prob. de l'esp. *fresco.* Cf. le b. *fresc.* On a en fr. *frisque* (du vieil haut allemand *frisc.*) Nous avons déjà parlé du *a* voyelle de liaison de la rac. verbale par opposit. au *o* final du nom ou de l'adjectif.

Frikazai, « fricassée », prob. pris au fr. On a en bourguignon *fricaissie,* en esp. *fricasea.*

Frii, « frire », prob. de l'esp. *freir.* On a en pr. *frire* et *fregir.* Pour la mut. de l'*e* en *i,* voy. *firrinta.*

Friko, « repas de gourmets », prob. du fr. *fricot.* Le *t* final sera, contre l'usage, tombé en basque, parce qu'il ne se prononce pas en français.

Froga et **froganza**, « preuve ». C'est l'esp. *probar* et *probanza*. Pour la mutat. du *p* en *f*, voy. *folxu ;* pour celle du *b* ou *v* en *g*, voy. *fagore* et *favore ; guraso* et *buraso*, « aïeul », — *adoga*, de l'esp. *adobar* — *Elzagor* et *elzabor*, instrument de musique. Cf. b. mod. *probe*, « preuve » et *prouba* (archaïq. *proba*), prouver ; v. pr. *prova, proa,* « preuve » et *proar*, « prouver » — catalan, *proba*, « preuve ».

Frutu, « fruit », prob. de l'esp. *fruto*. Le *o* final devient volontiers, nous l'avons déjà vu, *u* en basq. Cf. le pr. *fruz, frut*, le b. *fruut*.

Fuchos, « fougueux », prob. pris au b. bien que nous n'ayons pas rencontré ce mot dans le vocab. de M. Lespy. Cf. esp. *fogoso*.

Fuin, « fouine » ; prob. de l'esp. *fuin*. On a en v. fr. *faïne, fayne*. Les formes *foine* et *fouine* qui ne paraissent pas antérieures au xv° siècle auraient-elles été prises à l'esp. ?

Fundi, « détruire, anéantir », prob. de l'esp. *Fundir* « fondre » où le *o* tenait peut-être à l'origine la place du *u*. Cf. le v. pr. *fondre*, le b. mod. *houne*.

Furia, « furie » ; esp. *id*.

Furios, « furieux », pr. *furios* — b. *furious*, primit. *furios*, « qui a de l'embonpoint, puissant. » C'est par une métaphore analogue que dans le patois du Perche, le mot *naturel* a pris l'acception de *bon, de caractère aimable ; fils naturel* y voudrait dire, non un bâtard, mais un bon fils, cf. esp. *furioso*.

Fusil, fr. et esp. *id*.

Futut, « foutriquet », de la même rac. que le mot français. Cf. le lat. *futuatus*.

Gabe, « sans ». Cette postposition semble formée d'une façon assez étrange. Nous y reconnaissons deux éléments, d'abord *gain*, « sommité, partie supérieure d'un corps », qui, dans la déclinaison et devant une désinence laquelle, se réduit à *ga*, ex : *zure gatik*, « malgré vous », litt. « par-dessus vous » et *be* ou *pe* « sous, dessous, partie inférieure ». Ce monosyllabe, en vertu d'une loi phonétique dont l'application semble assez fréquente en basque, se transforme quelquefois en *me*, p. ex. dans *zume*, « osier » litt. « petit bois,

sous bois », de *zur,* « bois » et de *pe* final. — *Humé, umé,*
« petit enfant » de *haur,* « infans » et de la même désinence *pe.* Ne disons-nous pas en français, par une métaphore analogue « un *sous*-préfet, une *sous*-maitresse, un
sous-inspecteur? ». *Gabe* signifierait donc litt. « sous la partie
supérieure, sous le dessus ». J'avoue que ce mode de formation parait à première vue passablement extraordinaire. En
étudiant la postp. *gain,* nous verrons qu'il est tout à fait
dans le goût basque. N'avons-nous pas en français des
façons de parler aussi singulières, par ex. lorsque nous em-
ployons les substantifs *goutte, pas* pour renforcer l'idée de
négation.

Gachur, « petit lait ». Deux étymologies, assez voisines
l'une de l'autre, peuvent être proposées pour ce mot.
On pourrait le faire dériver simplement de *gatz* « sel » et
ur « eau ». Le sens du mot serait donc simplement celui de
« eau salée ». La substitution du *ch* à un *tz* plus ancien serait
susceptible elle-même de deux explications différentes. L'on
pourrait admettre qu'ici le *tz* final, ainsi qu'il arrive fort souvent en basque est pour un *z* ou *s* primitif; citons par ex. *laphitz*
« pierre », du latin « lapis » — *borthitz,* « fort », du latin
« fortis » — *aizkorr,* « hache », litt. « pierre levée » au
bout d'un manche (ce qui, par parenthèse, accuserait un
souvenir bien accentué de l'âge de pierre), de *aitz,* « pierre »
et *gor,* « en haut ». Maintenant, la mutation de *s* en *z* et
réciproquement est un fait si fréquent en basque que nous
croyons superflu d'en donner ici des exemples. D'un autre
côté, l'on voit bien souvent la sifflante devenir chuintante,
spéc. au commencement d'un mot ou devant un *t*; ex. *choil,*
« seul », cf. le lat. « solus » — *chotil,* « subtil » — *chuku,*
« sec » — *chorthe,* « sort » — *bichta,* « vue »; cf. esp.
« vista » — *ichtant,* « instant » — *ichtinto,* « instinct », etc.

Il serait également permis de voir dans *gachur,* une
contraction de *gazna* ou *gasna* « fromage » et de *ur,* eau.
Le mot signifierait « eau de fromage » et nous n'avons pas
besoin d'ajouter que c'est cette étymologie que nous adop-
terions de préférence, comme étant la plus satisfaisante,
sous le rapport du sens. *Gazna,* nous le verrons tout à
l'heure, semble formé lui-même de *gatz* « sel » et *esne,*

« lait » et signifie litt. « lait salé ». Cette étymologie tendrait même à prouver que les montagnards pyrénéens ne font pas grand usage de fromage frais. Il faudrait admettre, dans notre hypothèse, que le *n* de *esne* ou plutôt le mot entier a lui-même disparu en composition. Ce procédé bizarre n'offre, somme toute, rien de parfaitement conforme au génie de la langue basque, laquelle rappelle un peu les dialectes de l'Amérique du Nord, par sa méthode d'élimination d'une partie plus ou moins considérable des éléments du mot composant : citons, par ex., *umerri* « nouveau-né » pour *umé berri*, litt. « enfant nouveau » — *mintzoa*, « parole » pour *mihi otza*, litt. « bruit de la langue » — *sagarnoa*, « cidre » pour *sagar arnoa*, litt. « vin de pomme » etc., etc. Il est vrai que nous n'avons guère rencontré d'exemple bien certain d'un *n* tombant ainsi au milieu d'un mot devant une voyelle, et de ce fait, il se présente ici une difficulté étymologique que nous n'entreprendrons pas de résoudre. Maintenant l'on doit faire remarquer qu'une raison spéciale a pu entraîner ici la transformation de la sifflante en chuintante. C'est qu'en basque, cette dernière se substitue volontiers au *z*, pour marquer le diminutif : ainsi *zakhurra*, « chien de grande taille » et *chakurra*, « petit chien » — *gizon*, « homme en général » et *gichon*, « petit homme ». Un dialecte euskarien forme même le traitement enfantin du verbe, par l'emploi de la chuintante. Les montagnards pyrénéens ayant peut-être entendu dire qu'en français, l'on appelait « petit lait », le liquide qui se sépare du fromage, n'en auront été que plus enclins à voir dans ce produit une sorte de diminutif du lait véritable.

Gai, « propre à, destiné à, qui doit devenir » ; par ex. *emaztegai*, « future, fiancée », de *emazte*, « femme, épouse, » — *aphezgai*, « qui se destine à être ordonné prêtre », etc. En basque, ainsi que dans certains idiomes du Nouveau Monde, le nom prend les marques de temps tout comme le verbe.

Gai semble formé de la particule *ka* ou *ga*, « à la recherche de, par » et de la désinence passive *i*, que nous retrouvons par ex. dans *igorri*, « envoyé, » de *igor*, « envoyer » — *hasi*, « commencé, » de *has*, « commencer » et qui, parfois, s'emploie comme voyelle de liaison devant la désinence verbale, ex. *gaziizea*, « saler », de *gatz*, « sel ».

Gaitz, « méchant, mal, maladie ». L'explication de ce mot nous a longtemps embarrassé; celle qui nous satisferait le mieux consisterait à le dériver du vieux fr. *gaste* (d'où gâter, autrefois gaster), employé par ex. dans les tournures suivantes : *gaste manage*, « maison ruinée » — *gaste tour*, « tour démolie ». Le *i* paraît ici euphonique comme il l'est dans *aingira*, « anguille » — *ainguru*, « ange » — *choil*, « seul » — *falkoin*, « faucon ». Le *tz* final nous embarrasserait davantage. Nous n'avons guère trouvé, dans les dialectes par nous étudiés en ce moment, d'exemple d'un pareil phénomène phonétique, si ce n'est pour le nom de nombre *bost*, « cinq », prononcé dans certains cantons *bortz ;* mais ici la mutation en question se paraît devoir expliquer par la présence d'un *r* adventice. On peut supposer, il est vrai, que le mot français est passé en euskarien sous la forme *gas, gaz* et avec chute du *t* final. Dès lors, tout s'expliquerait sans peine, et le *tz* terminatif tiendrait tout simplement, comme il arrive fort souvent, la place d'une sifflante primitive. Au reste, la présence de radicaux basques provenant de mots romans terminés en *st, zt* n'est pas très fréquente et il ne nous semblerait pas trop prudent d'établir des règles précises à leur sujet. Quant au *e* final de *gaste,* il devait être muet ; rien d'étonnant, par suite, à ce qu'il ne se soit pas conservé.

De *gaitz* dérive d'une façon directe *gaitzex* « trouver mauvais, désespérer », au moyen de la finale *ex* que nous rencontrons dans *onex*, « trouver bon », de *on*, « bon » — *ederrex*, « tenir pour beau », de *eder*, « beau » — *berantex*, « s'impatienter, juger que l'on est en retard », de *berant*, « tard. » *Ex* ajoute donc au verbe le sens de « juger, trouver, estimer ».

Même origine pour *gaitzi*, « offensé, s'offenser, rancune. » Nous y retrouvons le *i* final passif et voyelle de liaison, dont nous venons de parler tout à l'heure. De là le qualificatif *gaitzikor*, « susceptible, » la désinence *kor* servant d'ordinaire à former des adjectifs marquant coutume, habitude.

Dans *gaizki*, « reproche », le *t* précédant la désinence es tombé et ce fait tendrait à prouver qu'il y a eu simplement ici reprise ou maintien d'une forme primitive *gaz, gas,* car la chute du *t* de *tz* n'est pas constante devant la finale *ki;* citons par ex. *garratzki,* « sévèrement », de *garratz,* « dur, sévère ». Le maintien de la forme ancienne dans *gaizki,* la transformation du *z* en *tz* dans *gaitz* pourrait bien tenir à ce que ces deux formes, tout en ayant une commune origine, ne dérivent pas cependant l'une de l'autre. C'est ce que permettrait de supposer à *priori* la différence assez marquée de signification qui existe entre elles.

La finale *ki* indique que l'objet est de telle ou telle espèce, de telle ou telle nature. Par suite, elle est parfois employée à former des adverbes ; ex : *idiki,* « morceau de bœuf, viande de bœuf », de *idi,* « bœuf » — *epherki* » chair de perdrix «, de *epher,* « perdrix » — *serioski,* « sérieusement » — *egiaski,* « véritablement », litt. « per verum modum », de *egi,* » vrai, vérité », etc., etc.

Gaizo, « digne de pitié, misérable » nous offre la même racine que *gaizki,* mais avec la désinence *o* que nous rencontrons dans un certain nombre de mots tels, p. ex., que *alzo,* sorte de panier que forment les femmes en relevant leur tablier ; cf. esp. *alzar,* « lever, relever » — *choro,* « allégresse, enchantement », de *chori,* « charmer, enchanter ». En vertu des règles établies plus haut pour la transformation de la sifflante en chuintante, on dit *gaicho,* en parlant d'individus chétifs ou de petite taille.

Gaichto, « méchant » en raison même de la signification du mot nous semble plutôt devoir se rattacher à *gaitz* sous sa forme primitive *gaiz* qu'à *gaizo* ou *gaicho.* La finale *to* a, du reste, une valeur péjorative. *Gizonto hori* voudra dire « ce quidam, ce ridicule personnage ». Cette même désinence se trouve faire corps avec le radical dans *asto,* « âne » ; cf. le prov. *aze.* A la même racine, nous rattacherons *gaichta* « devenir méchant », seulement la désinence *ta* s'y trouve substituée à *to.* Le sens original de *ta* semble avoir été celui d'une sorte de datif ou ablatif, bien qu'on ne le retrouve plus dans la déclinaison sous sa forme isolée. Il sert aussi assez souvent à former des racines verbales, p. ex., *solasta* « converser », de *solas,* « amusement, divertissement », etc.

De la racine que nous étudions en ce moment, dérive *gaïchtagin,* « malfaiteur », au moyen de la finale *gin* ou *khin,* prob. dérivée de *egin* « faire, fait ». Nous retrouvons cette dernière p. ex.: dans *zurgin* « charpentier », de *zur,* « bois » — *okhin,* « boulanger », de *ogi,* « pain », etc.

Gahamu, petit crochet dont on se sert surtout pour la pêche de nuit, serait formé, d'après M. l'abbé Inchauspe, de *gau,* « nuit » et *hamu,* « hameçon », que Salaberry ne donne pas comme mot isolé. *Hamu* semble pris directement au latin *hamus* ; cf. le béarn *ham.*

Gain, « sommité, partie supérieure d'un corps », probabl. *gai,* déjà vu auquel s'ajoute le *n* soit comme désinence inessive, soit comme simple dénominative, litt. *in futuro, in eo quod est antè.* Il semble que les Basques se soient plu à tirer de l'idée de distance, d'éloignement celle d'élévation ou d'infériorité. Pour eux, ce qui se trouve en avant soit dans le temps, soit dans l'espace, c'est ce qui est au-dessus, domine. *Gaindi,* avec le *di* signe de l'ablatif, litt. *ex superiore parte,* signifiera à la fois « dépasser, outrepasser » et « passer par ». Le point où l'on arrive, c'est la sommité et lorsqu'on le quitte, on est censé descendre.

Gakho, « clef, fermer à clef », nous ferait tout l'effet d'être formé de notre mot fr. gâche, avec chute du *ch* finale et de la finale *kho* ou *ko,* « pour », litt. « ce qui est pour la gâche » ; de même que *burukoa,* « bonnet », signifie « quod pro capite », de *buru,* « caput ». On sait que surtout dans l'intérieur des mots, *k* se change volontiers en *kh* ; ex.: *bekhatu,* « péché » — *arkha,* « arche » — *galkha,* « combler, emplir », pour *galka,* voy. *gal.*

Gal, « perdre ». Nous rapprocherions volontiers ce terme de notre mot fr. *caler,* puisque très souvent la gutturale douce des dialectes romans devient forte lorsqu'elle est initiale et placée devant un *a.* C'est là un phénomène phonétique dont nous allons, dans la suite de ce travail, donner de nombreux exemples. Le sens primitif de *caler* était celui de « baisser, enfoncer, s'enfoncer ». De là, on passa à celui de « céder, souffrir », p. ex. dans les phrases « il a calé doux » — « J'en ai calé de dures ». La transition de l'idée de *céder* à celle de *perdre* se conçoit sans peine et la métaphore n'est certes pas aussi forte que celle qui, dans l'anglais des Etats-Unis, a fait assigner au verbe *to realize* le sens de « voler, dérober ». De cette racine *gal* dérive l'adjectif *galgarri* « pernicieux ». C'est la même désinence *garri* que nous retrouvons dans *dolugarri*, « digne de pitié », de *dolu*, « regret, deuil, repentir » — *izigarri* ou *izitgarri*, « effrayant, effroyable », de *izit*, « s'effrayer, effrayé » — *harrigarri*, « effroyable, susceptible de pétrifier », de *harri*, « pierre » — *enganagarri*, « capable de tromper », de *engana*, « tromper » — *erdiragarri*, « qui fait fendre le cœur », de *erdira*, « fendre » — *espantagarri*, « étonnant, admirable », de *espanta*, « s'étonner » — *irrigarri*, « ridicule », de *irri*, « rire » — *altchagarri*, « levain », de *altcha*, « lever »,

Galda, « demander » se rattacherait peut-être à cette racine *gal, cal*. La désinence *da* est pour *ta* déjà étudié. On sait que les fortes ont, en basque, une tendance à s'adoucir, lorsqu'elles sont précédées d'une liquide. C'est un point que nous aurons à étudier tout à l'heure. *Galdatzea* signifierait donc litt. « faire en se perdant, faire ce qu'on l'on fait quand on s'enfonce », c'est-à-dire demander, implorer du secours.

Galga, « mesure comparative d'égalité, *dans le langage des maçons* », n'est autre chose que l'esp. *galga*, « barre pour lever l'ancre. »

Galkha, « combler en pressant », de *gal*, dans le sens de « caler, enfoncer », et de la finale *ka* ou *kha*, « en, après, à la recherche de », voy. *gal*.

Galopa, « galoper » et **Galopan,** « au galop »; cf. esp. *galopar* (pr. *galaupar*) et *galope*, « galop ». L'on dirait que le verbe a été pris à l'esp. et le subst. au français. Il est vrai que le *e* final a fort bien pu tomber devant le *a* de la finale inessive.

Galza, « bas »; pr. *calsa*, « chaussure, bas »; esp. *calza*. Nous voyons ici la transform. du *c* initial en *g* devant un *a*.

Ganderallu, « chandelier ». On a en esp. *candelero*; en prov. *candelier*, tous les deux du lat. *candelabrum*. Nous reconnaissons dans le mot basque, d'abord la racine *gan-*

dera, déjà vue auquel s'ajoute la désinence néo-latine *llu.* Est-elle prise à la finale espagnole ou à la provençale? Nous n'avons guère d'exemple de la transform. de la désinence esp. *ero* ni de la terminative provençale *ier* en *llu ;* la présence du *u* final nous déciderait plutôt à pencher pour l'origine espagnole. Il ne faut pas perdre de vue que *ganderallu* constituant une sorte de mot à demi hybride échappe plus facilement qu'un autre à l'action des lois phonétiques ordinaires.

Garizuma, « carême », du prov. *caresma,* avec adoucissement du *c* et intercal. d'un *u* euphonique. On a en esp. *cuaresma.*

Gambera, « chambre », du prov. *cambra,* avec mut. du *c* en *g* dev. *a* et intercalation d'*e* euphonique, comme dans *pherechil* « persil » — *phereka,* « fricare » — *phederika.* « praedicare » etc. Cf. esp. *camara,* « chambre, salle ».

Gancho, « fer à pointe recourbée, croc, » esp. *gancho,* « croc, crochet ».

Gandera, « chandelle »; esp. et prov. *candela;* il y a ici mutat. du *c* en *g* et du *l* en *r,* qui est fréquente entre deux voyelles; cf. *hiri,* « ville » de l'anc. ibérien *ili* — *debru,* « diable » — *ainguru,* « ange » — *dithari,* « dé »; esp. *dedal;* béarn. *didau,* forme archaïque « *didal* ».

Garkharasta, « enfumer, s'enfumer », parait formé de *gar,* « flamme », *khe* « fumée », de la désinence allative *ra* et de la finale *sta,* « pourvu de, muni de », comme dans *urhesta,* « muni d'or, doré » — *zilharsta,* « muni d'argent, argenté ». Le *e* de *khe* sera devenu un *a* par une sorte d'écho vocalique, comme dans *arrapika* de l'esp. *repicar.* Le sens entier du mot serait donc *rendre muni de la fumée de la flamme.*

Garkhora, « muque », litt. « Au-dessus de la gorge », de l'esp. *garganta,* « gorge, gosier » et de *gor,* « sur, audessus ». Quant à la chute des deux dernières syllabes de *garganta,* le basque nous offrirait quelques exemples d'abréviations analogues. p. ex. *deskauzi,* « désoler » de l'esp. *desconsolar, desconsolado* — *aipha,* « mentionner », de l'esp. *apalabrar.* Enfin, nous aurions des exemples de la mutation de *g* en *kh,* dans *bekhain,* « sourcil », pour *begi-*

gain, litt. « au dessus de l'œil » — *ekharri,* « porter », de l'esp. *acarrear.*

Garailla, « gravier ». Cf. le fr. *graillon* parfois pris dans le sens de « rognure de pierre ou de marbre »; du v, fr. *graille,* « un gril ». Le premier *a* de *garailla* est évidemment euphonique comme dans plusieurs mots que nous allons étudier tout à l'heure, p. ex. *garratz, garhinna, garaiti* : Peut-être le basque aura t-il laissé tomber la finale de *graillon,* comme celle de *garganta*; peut-être aussi aura t-il confondu ce mot avec sa racine *graille.*

Ganibet, « grand couteau, coutelas ». Ce mot, bien que non donné par Salaberry, semble en usage dans tout le pays basque. On a en béarn. *ganibete,* « couteau à longue lame, très aigu »; en esp. *gañivete, cañavete* « petit couteau » ; cf. le fr. *canif,* l'anglais *knife,* etc.

Gano, « disposition pour le travail », mot dont l'étymologie n'est pas certaine. Cf. l'esp. *ganar,* « gagner », *gana,* « désir, état de santé » et *ganoso,* « désireux ». Nous avons en fr. aussi le mot *gano* que prononce au jeu d'hombre celui qui a le roi, pour demander qu'on lui laisse venir la main. C'est le mot qui en esp. veut dire « je gagne ».

Ganzola, « morceau de cuir à la partie supérieure des sabots »; cf. béarn. *gansole.*

Garaiti, « avantage, victoire » et *garhait,* « vaincre », prob. du béarn. et prov. *grat,* « gré »; cf. esp. *grato,* « agréable ». On a en très vieux français *grad,* « de plein gré ». Le premier *a* de *garaiti* aura été intercalé par euphonie; le premier *i* semble également euphonique comme dans *gaitz, aitz,* etc. Le *i* final est soit affixe passif, comme nous l'avons déjà vu plus haut, soit une abréviation pour *tik* ou *dik.* signe de l'ablatif. Quant au *k* final, nous le voyons souvent disparaître p. ex. dans *gaindi,* « dépasser, de *gain,* « sommité, sur » — *harendi,* « par là, du côté le plus éloigné » — *hunendi,* « par ici, du côté le plus rapproché », etc. Enfin le *rh* et le *r* permutent assez souvent sans que l'on puisse établir de règles bien fixes à ce sujet; ex: *arhan,* « prune », mot d'origine celtique; cf. le gaélique *airneag* — *garhinna,* « cri de désespoir », cf. le v. fr. *graigner,* pour *grogner,* etc. *Garaititzea* ou *garhaitzea,* signifie donc. litt. « faire à son gré, à sa volonté ». Avec la finale *ko,* « pour, à », on obtient *garaitiko,* « surplus ».

Garbi, « propre, sans tache, nettoyer », se rattache peut-être au v. fr. *grabe* « physionomie, grâce » d'où le fr. moderne *galbe,* étym. incertaine.

Gardox, « enveloppe de la châtaigne », de l'esp. et prov. *cardo,* « chardon, tête de chardon à carder », avec adoucissement du *c* init. dev. *a.* Le *x* final n'est qu'une abréviation de la désinence *ex* déjà vue dans *onex, gaitzex* et qui indique similitude, ressemblance. *Gardox* est donc l'objet que l'on trouve ressembler à un chardon, sans doute à cause de ses piquants. Inutile de faire ressortir tout ce qu'offre de logique une pareille dénomination.

Garhinna, « cri de désespoir », nous parait se rapprocher du fr. du xii° siècle *graigner,* « grogner ». On a en espag. *gruñir,* en fr. du xii° siècle *grunir, gronir.* Conf. l'anglais *groan,* le vieux haut allemand *grunni,* en kimriq. *gryen.* Il ne faut pas oublier que le double *n* en basque = le *gn* fr. Le *a* de la première syllabe est évidemment euphonique, comme dans *garailla, garaitia.* Le *rh* entre deux voyelles = souvent un *r* primitif ; cf. *arhan, garhait.*

Garho, « anse d'un instrument sonnant », étym. inc. Cf. esp. *garo* « écrevisse de mer ». Nous ne nous rendons pas bien compte du motif pour lequel on aurait comparé une anse à un crustacé. Serait-ce parce qu'elle permet de saisir l'instrument comme une patte de crabe ?

Garlanda, « cercle en fer ou en bois dont on se sert pour faire cuire la *mesture* ou pain de maïs ; cf. béarn. et v. fr. *garlande* « guirlande. »

Garlopa, « varlope », esp. et limousin, *idem.*

Garrasi, « cri de détresse », étymol. obscure ; cf. esp. *crescitar* « croasser » et *graznido,* « croassement ». Après une gutturale initiale, le *r* semble quelquefois se doubler ; voy. *garratz.*

Garrathoin, « rat », de l'esp. *raton* ; cf. béarn. *arrat.* Le *r* init. se redouble suivant la règle ordinaire et prend une voyelle prosthétique. Par ex. la présence d'un *g* prosthétique devant ladite voyelle constitue un fait dont nous n'avons pas à citer d'autre exemple. Il a déjà été question plus haut

de la transform. du *t* primitif en *th* et de l'adjonction d'un
i euphonique à la désinence.

Garratz, « sévère », pourrait bien se rattacher à l'esp.
craso, « gros, grossier ». La transformat'on du *r* en double
r se retrouve encore dans *garrasi,* déjà vu.

Garrota, « serrer avec une corde ou un tourniquet, fouet-
ter avec une branche d'arbre » et **Garrote** « fouet de branche, tourniquet de bois ». Il semble que ce mot ait en quelque sorte une double origine. Dans le sens de « tourniquet »,
on pourrait le rapprocher de l'esp. *garrote,* « sorte de sup-
plice ». Dans celui fouet de bois, il se rapprocherait un peu,
du moins pour le sens de notre mot fr. *garrot,* « sorte de
dard, bâton pour tordre le linge ». La désinence *a* de *garrota* est, comme l'on sait, d'ordinaire verbale en basque.
Nous n'avons pas rencontré en esp. de verbe formé de *garrote.*

Gartha-dembora, « les quatre-temps ». L'esp. emploie
le mot *tempora* comme synonyme de « quatre-temps ».
Le *p* sera devenu *b* après une liquide, comme il arrive parfois
en basque ; cf. *bolbor,* « poudre ». Quant à *gartha* dans le sens
de « quatre », il serait difficile de le rattacher directement
à l'esp. *cuatro* et il rappellerait davantage le prov. *Catre.*
Il est vrai que l'on a en béarnais *quoate.* Du reste, l'on
conçoit que dans un mot composé de la sorte, les lois phonétiques ordinaires n'aient point été observées dans toute
leur rigueur.

Gazna ou **Gasna,** « lait », prob. de *gatz* « sel » et *esne,*
« lait », litt. « lait salé ». Cette dénomination tendrait à
prouver que dans leur alimentation les montagnards pyrénéens font peu usage de fromage frais. La première partie
du mot *esne* serait tombée en composition, ce qui serait tout
à fait conforme au génie de la langue basque.

Gasta, « gâter, dépenser » et **Gastu,** « dépense, frais ».
On a en esp. et prov. *gastar,* pris dans le même sens. La
forme *gastu* nous ferait songer à une étymologie espagnole.
Car on a dans cette langue *gasto ;* le *o* final esp. correspondant souvent à un *u* basque.

Gathibu, « captif », prob. de l'esp. *cautivo,* archaïq.
captivo. Il arrive souvent en basque qu'une consonne mé-
diale tombe lorsqu'elle se trouve à côté d'une autre ; cf.

cfetu, « effet » — *frutu,* « fruit » — *defuntu,* « défunt »,
« *defunctus* ». — *tei* (en compos.) et *tegi,* « demeure, gîte »
— *elisa,* « église » — *Akobi,* « accomplir » — *errekontra*
« rencontre ». Nous avons suffisamment parlé de la mutation
du *t* en *th*.

Gathu, « chat »; esp. *gato;* béarn. *gat.*

Gathulu, « jatte » et **Gathulutra,** « jattée »; peut-être
bien d'une forme provençale ou béarnaise que n'indiquent ni
Littré ni M. Lespy. On a en esp. *gabáta*; en picard, *gatte,*
du bas-lat. *gabata.* Nous avons déjà rencontré la finale *ulu,*
dans *deatulu,* « terrière », de l'esp. *taladro.*

Gauerdi, « minuit », de *gau,* « nuit » et *erdi,* « moitié,
demi ».

Gausa, « chose ». Pour la forme, ce mot se rattache à
l'esp. *causa,* « cause », ainsi qu'à notre mot français. Pour
le sens il est plus voisin de l'esp. et prov. *cosa,* « chose ».
Littré nous donne les exemples de *causa* pris en latin dans
le sens de « chose ». C'est donc à l'étymologie latine que
nous aurions ici le plus volontiers recours.

Gaztain, « châtaigne »; esp. *castaña;* prov. *castanha,
castagna;* béarn. *casthane.* Le *i* suivi du *n* ne serait-il pas
le remplaçant du son *gn*? Il est vrai que nous n'avons pas
d'autre exemple à citer d'une pareille mutation.

Gaztaindoi, « châtaigneraie », de *doi,* « apte, appropriée
à ».

Gaztainhaga, « gaule, longue perche », de **haga,** « gaule,
perche », litt. « perche à châtaignes ».

Gaztainkolore, « couleur châtain ».

Gazte, « jeune », étym. assez obscure. Ce mot ne viendrait-
il pas du prov. *cast,* « chaste »; esp. *casto?* Le *e* final serait-
il ici simplement euphonique, comme dans *arbole, bothere?*
Serait-il pour *te* augmentatif; litt. « *castissimus?* » Nous
verrions là une métaphore analogue à celle dont se sert le
Delaware, par ex. dans le mot *pilápé,* « jeune homme »,
de *pilsitt,* « castus » et *lendpé,* « homo ».

Gaztelu, « château, prison »; esp. *castello* ou *castillo;* béar.
castelh. Le fait que dans le mot basque, le *l* est simple et
non mouillé nous obligerait peut-être à croire que le mot a
été introduit dans la langue à une époque où cette lettre ne

se mouillait pas encore dans la prononciation et à rattacher par suite, directement, *gastella* à *castellum ;* la chute de l'un des deux *l* n'aurait rien que de normal, cf. *balezta* de l'esp. *ballesta.*

Gaztiga, « châtier » et **Gaztigu** « châtiment »; cf. esp. *castigar* et *castigo,* prov. castiar, chastiar et béarn. *castig,* « reproche, châtiment ».

Mestura, « espèce de pain de maïs » ; béarn. *mesture,* id. — esp. *mestura,* méteil.

Molxa, béarn.; E. *bolsa* (cf. béarn. *borsa*). Pour la transf. du *s* en *x,* voy. *falxu.* Le *b* init. devient volontiers, comme l'on sait, *m* en basque; cf. *merxika* « pêche », du lat. Persicum (malum) — *makhila,* « bâton », de *baculum,* etc.

Gatzunzi, « salière » de *gatz,* « sel » et *unzi* pris du b. l. *uncia,* qui avait parfois le sens de « vase, vaisseau, embarcation ».

Gatztei, « saloir », de *tei* ou *tegi,* « gîte, demeure », litt. « endroit où il y a du sel ».

De Charencey.

Chartres. — Imp. Durand, rue Fulbert.